# LA
# VAINE PATURE

SUIVANT LES COUTUMES DE CHAUMONT-EN-BASSIGNY
DE VITRY-EN-PERTHOIS
DE TROYES, SENS ET LANGRES.

LOIS DES 18 JUILLET 1889-24 JUIN 1890

PAR

## Adrien Durand

Docteur en droit

Juge au Tribunal civil de Chaumont.

:o:

> La propriété n'a pas de forme
> plus féconde que la possession
> libre et individuelle; avec ce ca-
> ractère elle est le second fonde-
> ment de la civilisation moderne,
> la religion étant le premier.
>
> Le Play. — *Réforme sociale.*

CHAUMONT

Typographie et Lithographie St. Dadant

—

1891

# LA
# VAINE PÂTURE

# LA VAINE PATURE SUR LES PRAIRIES

## DANS L'ANCIEN DROIT

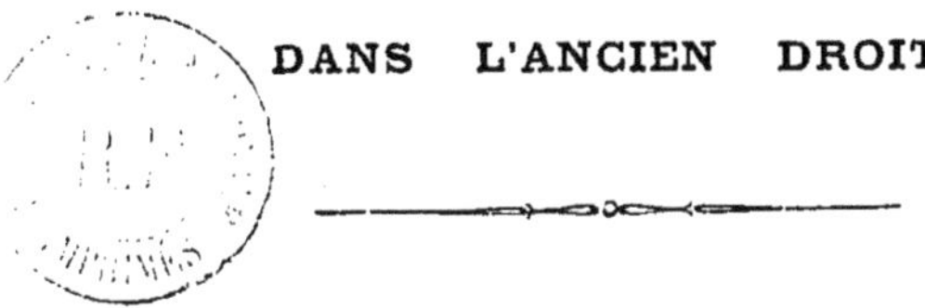

## I

Les anciennes coutumes et les lois des 10 juillet 1889
et 24 juin 1890.

Si l'expression *vaine pâture* avait conservé en droit,
comme en fait, son véritable sens, la question du vain
pâturage n'aurait pas occupé si souvent le législateur
et mis en mouvement tant de fois toutes les assemblées
délibérantes : ouvrons un dictionnaire latin : *vanum*
inutile, qui est sans effet, vide : *vain*, enflé, vide, qui
est sans résultat, illusoire, nous dit Larousse :

Si la vaine pâture, comme le nom l'indique, ne devait s'exercer que sur les terres vaines et vagues sur
les friches, les chemins et les champs après les récoltes,
jamais elle n'eut passionné les intérêts, fait naître des
difficultés sérieuses, suscité tant de procès sous le
régime de l'ancien droit, comme sous l'empire des lois
modernes.

Mais par une étrange extension de la signification des
termes, l'expression *vaine pâture* s'applique à l'action
de faire pâturer par le bétail, dans certaines conditions
déterminées, les herbes des prairies : dès lors, appa-
rait une question du plus vif intérêt, puisqu'elle envi-

sage les rapports des propriétaires de prés avec l'habitant des campagnes qui n'en possède pas, et des
plus graves, puisqu'elle touche au principe même du
droit de propriété et peut avoir des affinités avec une
question sociale, le communisme.

Ce n'est point d'ailleurs une question née d'hier,
elle est vieille de plusieurs siècles : nos anciennes coutumes rédigées à la fin du xv<sup>e</sup> siècle nous donnent la
réglementation la plus complète de la vaine pâture. —
Les plus anciens commentateurs, Chasseneux, Dumoulin, Guy Coquille, Loisel, Dunod (1), s'efforcent déjà
de résoudre les difficultés provenant de la différence
entre le pâturage sur les terres vaines et vagues et le
pâturage dans les prairies.

La Révolution, en abolissant le régime féodal, en
faisant table rase de toutes les lois, de tous les usages
du passé, a peu modifié l'état de choses ancien, en ce
qui concerne la vaine pâture ; le décret du 6 octobre
1791 qui a été le Code rural de la France jusqu'à
la promulgation (2) des lois des 5 avril, 10 et 18
juillet 1889, maintient expressément le droit de vaine
pâture dans une paroisse « dans les lieux où il est fondé
sur un titre particulier, ou autorisé par la loi ou par
un usage immémorial ». D'autre part, si l'article 691

---

(1) Chasseneux, 1480-1541.

Dumoulin et mieux Du Molin, né à Paris vers 1500.

Guy Coquille, sieur de Romenay, 1523 à 1602.

Loisel, avocat au Parlement, l'élève de Cujas, 1536 à 1617.

Dunod de Charnage, 1676 à 1752.

(2) L. 5 avril 1889. — Titre vii. Des animaux employés à l'ex-
ploitation rurale.

L. 10 juillet 1889. — Titre ii et iii. — Parcours ; Vaine pâture ;
Ban de vendanges ; Vente des blés en vert.

— Durée du louage des domestiques et ouvriers ruraux.

L. 18 juillet 1889. — Titre iv. — Bail à colonat partiaire.

du Code civil, promulgué quatorze ans plus tard, pose
ce principe fondamental, que les servitudes discontinues apparentes ou non apparentes ne peuvent s'établir que par titre, la possession même immémoriale
étant inopérante, le même article décide toutefois,
qu'on ne peut attaquer aujourd'hui les servitudes de
cette nature déjà acquises (1) par la possession, dans
les pays où elles pouvaient s'acquérir de cette manière.

La défense d'acquérir de semblables droits par la
prescription ne devant avoir aucun effet rétroactif,

Enfin la loi du 24 juin 1890, en abolissant la vaine
pâture fait cette réserve, à savoir, que le maintien de
ce droit pourra être réclamé au profit d'une commune,
s'il est fondé sur une ancienne loi ou coutume, sur un
usage immémorial.

Il résulte du rapprochement de ces textes et de la
jurisprudence de la Cour de cassation (2), que le décret du 6 octobre 1791 et l'article 691 du Code civil
ont définitivement fixé dans leur existence, leur étendue et leurs modalités, tous les droits de vaine pâture

---

(1) Demolombe. T. II. — Des servitudes, page 318.

(... *Déjà acquises :*) Si donc elles ne l'étaient pas encore complète-
ment à l'époque de la promulgation de notre titre des servitudes
(10 février 1804) lors même qu'il n'y aurait manqué qu'un seul
jour pour faire les cent ans ! la possession ayant immédiatement
cessé d'être utile à l'effet de prescrire, la prescription n'aurait pas
pu s'accomplir.

(2) Cass., 11 juillet 1866 ; D. 67, 1,431.

Cass., 8 août 1882 ; D. 1883, I, 356.

Dans les pays dépendants des anciens ressorts des coutumes de
Vermandois et de Vitry-le-François, où la vaine pâture se trouve
maintenue en vertu du Code rural de 1791, il y a lieu de faire res-
pecter l'interdiction expresse de pâturage établie pour les moutons
et brebis par les arrêts du Parlement de Paris. Cass., 19 août 1859.
D. 60, 5, 407,

invoqués sans titre (1), la possession postérieure au
décret de 1791 n'a pu servir qu'à conserver et non à
acquérir le droit de vaine pâture.

Ce n'est donc point un simple intérêt de curiosité
qui nous a amené à étudier, les usages en matière de
vain pâturage, des anciens pays coutumiers et particulièrement les coutumes de Chaumont, Troyes, Sens
et Langres, Vitry, Châlons qui, à peu de choses près,
sont rédigées dans les mêmes termes, sur cette question spéciale, que les coutumes des autres baillages de
la province de Champagne.

Ces coutumes sont actuellement, le titre en quelque
sorte, des communes qui ont conservé l'usage de la
vaine pâture : leur texte et les gloses des commentateurs peuvent donner, croyons-nous, des indications
utiles pour la solution de la plupart des difficultés que
les autorités compétentes auront à résoudre pour in-
terpréter et appliquer la loi du 10 juillet 1889 et sa
sœur cadette du 24 juin 1890.

Grasse pâture, vaine pâture, parcours étaient, avant
1789, trois choses en fait et en droit absolument différentes : ces trois genres de dépaissances étaient définis
et réglementés par des articles spéciaux dans les coutumes, surtout dans celle du Nivernais « qui est celle
de toutes les coutumes de France, écrit Coquille (2),

---

(1) Cass., 17 déc. 1841 ; D. 42, 1, 75. — Attendu que la coutume
de Châlons-sur-Marne, sous l'empire de laquelle se trouve la commune des grandes côtes, arrondissement de Vitry-le-Francais,
admettait par son article 266 comme appartenant à la vaine pâture
les prairies naturelles après la faulx, c'est-à-dire après la récolte de
la première herbe, que ledit art. 266 a toujours été entendu et
appliqué ainsi...

(2) *Institutes* au Droit français, titre des servitudes réelles et
droicts prédiaux ès villes et champs.

qui contient le plus de lois pour le mesnage des champs, mesmes du bestail, pource que le pays estant en grande partie couvert de bois et en pascages et marescage est plus propre à la nourriture du bestail. » Pour les mêmes motifs, les coutumes de Troyes, Chaumont, Sens, Langres, Vitry, Châlons, consacrent quatre et cinq articles à réglementer cette matière, alors que la coutume de Paris est absolument muette.

### Chapitre I<sup>er</sup>.

#### PATURE GRASSE OU VIVE.

La pâture grasse ou vive est celle qui consiste à faire consommer tout le produit pendant l'année entière, d'un terrain sur lequel les herbes pourraient être récoltées, conservées ou vendues avec profit : elle s'exerce généralement sur des landes, des près-marais, des patis et bruyères, qui appartiennent à des communautés d'habitants ou sont asservis envers elles à un droit d'usage de manière qu'elles seules peuvent y faire pâturer leurs bestiaux (1).

---

(1) Il est souvent assez difficile de distinguer une terre comportant la vive pâture, d'une friche, ou teppe, ou chaume qui ne peut faire l'objet que de la vaine pâture. La distinction a pourtant le plus grand intérêt sous l'empire du Code civil, car s'il est incontestable que le droit de vaine pâture ne peut être l'objet d'une possession utile, *animo domini* et pouvant conduire à la prescription, il est admis par la jurisprudence de la C. de Cass. que la vive pâture peut être protégée par l'action possessoire quand elle a été exercée dans certaines conditions.

Cass., 7 juin 1848 ; D. 48, 1. 121.

Cass., 20 nov. 1837 ; Dall. V. Servitudes, 1166.

La nature des produits du terrain, *dont le revenu n'est point à négliger par le propriétaire,* paraît être le *criterium* adopté par la Cour suprême.

Disons, sans autres explications, pour le moment, que la vaine pâture, au contraire, est celle qui s'exerce sur les herbes ou fruits abandonnés par le propriétaire des fonds, sur des herbes ou fruits dont il ne retire aucune utilité : telle est du moins la définition donnée par Merlin à maintes reprises, soit dans son *Répertoire*, soit dans ses *Questions de Droit*.

L'art. 102 de la coutume de Chaumont concerne la grasse pâture : « Habitants, communautés ni autres particuliers ne peuvent prétendre ni avoir droit d'usage ni paturage en justice et seigneurie, d'aucuns seigneurs hauts justiciers, sans en avoir titre d'iceux seigneurs, ou leur en avoir payé redevance pendant trente ans ou que lesdits habitants en aient joui de tel et si longtemps qu'il n'est mémoire du commencement ni du contraire. »

Les coutumes de Troyes, Sens, Vitry, Auxerre, ont des articles conçus dans les mêmes termes.

La plupart des paroisses possédaient des droits de pâturage sur les terres du seigneur appelées *pasquages, communaux*, et exclusivement destinées à nourrir le bétail : ces droits pouvaient revêtir deux caractères différents : dans certains lieux les habitants *ut universi* sont propriétaires de ces pascages avec le seigneur : dans d'autres, le seigneur seul a la propriété et les habitants un droit d'usage seulement : au premier cas, le seigneur propriétaire par indivis peut provoquer le partage : les arrêts des parlements fixaient habituellement sa portion, libre de tous droits au tiers et laissaient le surplus aux habitants en toute propriété. Si au contraire la collectivité n'avait qu'un simple droit d'usage sur ces pascages, le seigneur pouvait demander que cet usage fut limité, restreint, afin que sa propriété ne demeurât pas en son entier inutile entre ses mains : le Parlement de Paris, en opérant ce cantonnement fixait volontiers au tiers la portion demeurant soumise à l'exercice du droit d'usage, le surplus de la propriété devenant affranchie (1).

Ce droit d'usage sur les grasses pâtures du seigneur constituait une servitude d'un genre particulier, aussi les habitants n'y peuvent prétendre, suivant la coutume que s'ils remplissent l'une des trois conditions suivantes : s'ils peuvent représenter un titre, soit gratuit comme une concession gracieuse, soit onéreux comme un contrat d'acquisition : — Merlin pose la question de savoir si ces titres doivent être représentés en originaux ou s'il suffit de rapporter soit des copies anciennes, soit des actes qui en fassent mention : il cite des arrêts desquels il résulte que la question doit se résoudre en fait, d'après le degré de crédibilité que présente le document invoqué : ainsi le Parlement de Dijon a jugé que la possession immémoriale corroborée par un titre cité dans un acte de justice constituait une preuve suffisante (2).

A défaut de titre, la coutume exige du moins que les habitants aient payé pendant trente années une redevance annuelle au seigneur, à raison du droit de grasse pâture réclamé ; cette redevance dans certaines localités s'appelait droit de *blayrie*.

Enfin, si la collectivité n'a pas de titre, si elle n'a

---

(1) La Cour de cassation a parfois adopté ces évaluations pour le cantonnement, mais on ne peut suivre ces décisions comme un principe absolu, les bases de l'évaluation pouvant beaucoup différer selon les espèces. Req. 20 déc. 1825.

Les seigneurs avaient, paraît-il, largement usé de cette faculté de rachat, car un édit d'avril 1667 ordonne que les habitants des paroisses et communauté de Champagne rentreront de plein droit dans leurs usages.

(2) Taisand, sur la coutume de Bourgogne, tit. XIII, art. 5, n° 3.

payé aucune redevance, elle peut prétendre au droit d'usage, « si elle en a joui de tel et si longtemps qu'il n'est mémoire du commencement ni du contraire. »

C'est la possession immémoriale, et on comprend que ce dernier cas était de beaucoup le plus fréquent, car les droits d'usage avaient tous la même origine, ils avaient été concédés, mais à des époques très reculées par les seigneurs, pour favoriser et provoquer le groupement des familles pastorales sur leurs terres.

La possession immémoriale... c'est là le meilleur titre que les habitants puissent avoir, ajoute Juste Delaistre (1), l'un des commentateurs de la coutume de Chaumont « en sorte que quand ils en auraient quelqu'autre je leur conseille de les supprimer et de s'en tenir à celui-là », conseil quelque peu imprudent, puisque, d'après le même commentateur, la possession immémoriale doit être de cent années au moins : pour en administrer la preuve, on ne peut faire entendre que des témoins âgés de 54 ans ou plus, parce qu'ils doivent être en état de déposer de ce qu'ils ont vu depuis quarante ans. La possession immémoriale est celle dont aucun homme vivant n'a vu le commencement, les vieillards l'ont vu exercer, ils ont entendu dire qu'elle existait avant eux, ils n'ont connu personne qui l'ait vu commencer.

Legrand (2), commentateur de la coutume de Troyes, admet que les habitants de la paroisse demanderesse peuvent être entendus comme témoins dans une semblable enquête « mais le juge doit examiner, équitable-

---

(1) Juste Delaistre, avocat au Parlement, 1723.

(2) Louis Legrand, Conseiller au présidial de Troyes, art. 158, glose v.

ment, quelle foi leur doit être ajoutée et les seuls témoins de la communauté ne feront pas preuve entière » (1).

### Chapitre II.

#### VAINS PATURAGES.

« Et est à entendre que vain pasturage est en terres et prés dépouillés, en charmes et autres héritages non clos et non fermés : excepté toutefois au regard desdits prés en tant qu'ils sont défendus, qui est dès le commencement de mars jusqu'à ce qu'ils soient dépouillés et le temps de bannie où l'on a coutume de faire bannies. Excepté aussi qu'en tout temps on ne peut mener aucuns porcs esdits prés aux peines que dessus » (2) (Art. 104).

L'article 170 de la coutume de Troyes est rédigé dans les mêmes termes : (3) l'article 122 de la coutume de Vitry est ainsi libellé : « Et sont appelés par même coutume, vaines pâtures, terres en friche, labourages hors les dépouilles, terres non ensemencées, prés après la faulx, et jusqu'au quinzième de février ou au commencement de mars, selon que les années sont hatives et que l'herbe desdits prés, poind » (4).

L'article 149 de la coutume de Sens et Langres porte seulement : « Prés fauchés dont l'herbe ou foin ont été enlevés sont réputés vaine pâture, sinon qu'ils soient clos et fermés de haies ou fossés, ou que d'an-

---

(1) C'est encore la doctrine consacrée par la jurisprudence. — Cass., 1er juillet 1890.

(2) La coutume de Chaumont a été rédigée en 1509.

(3) Coutume de Troyes, rédigée de 1493 à 1496. — Compulsoire en 1693.

(4) Coutume de Vitry-le-Français, de 1481-1507.

cienneté on ait accoutumé y faire regain. Toutefois si l'herbe ou foin étaient délaissés ès dits prés, on n'y pourrait entrer jusqu'après la saint Remy : et dure la vaine pâture depuis ce jour, jusqu'à la my-mars » (1).

## § I.

### ORIGINES DE LA VAINE PATURE.

On a assigné au droit de vaine pâture diverses origines : suivant les uns, le vain pâturage est un reste de la vie pastorale de nos ancêtres qui, à une époque reculée, ont senti la nécessité de réunir leurs troupeaux sous la garde d'un berger commun, afin de les mieux défendre contre les voleurs et contre les agents du régime féodal : pour d'autres, le droit de vaine pâture a été originairement une concession des seigneurs qui offraient la liberté de pâturer sur tel ou tel pré aux populations rurales environnant leurs domaines, pour les engager à se fixer sur leurs terres (2).

Enfin des auteurs donnent pour origine au droit en question, une association tacite : (3) « Les habitants des villages reconnaissant, qu'il leur était du tout nécessaire de mener pâturer leur bétail sur les terres les uns des autres et qu'autrement la nourriture, qui leur est de grand revenu, leur serait infructueuse, se sont accordé par un tacite consentement ce droit mutuel

---

(1) Coutume de Sens, rédigée en 1555.

(2) C'est la théorie de Pardessus et celle pour laquelle M. Bourgeois, rapporteur de la loi du 24 juin 1890, semble avoir des préférences.

Séance de la Chambre du 27 février 1890.

(3) C'est le système de Proudhon, que le rapporteur de la loi du 24 juin au Sénat, M. Demôle, adopte.

Séance du Sénat, 22 mai 1890.

et réciproque, qui est en effet une tacite société : en sorte qu'il n'est pas besoin de mettre en question si ce droit peut être acquis par usage sans aucun accord ni convention, puisque l'usage et observance de toute ancienneté, fondée sur un mutuel consentement de tous ceux qui y ont intérêt et cause favorable sert de loi qui doit être observée tout ainsi que la loi écrite. » Le même commentateur ajoute plus loin une considération qui paraît excessive. « C'est qu'il est permis à chacun de faire dans l'héritage d'autrui, ce qui lui est utile et profitable et ne nuit à personne sans pouvoir en être empêché. Or, le bétail qui paît en un héritage après la dépouille, ou qui est laissé en friche semble ne porter aucun dommage. C'est pourquoi le maître et le propriétaire ne peut empêcher son voisin d'y mener paître son bétail » (1).

Mais les jurisconsultes plus anciens émettent sur les origines du droit de vaine pâture des théories qui blessent bien plus encore les principes du droit moderne sur la propriété : « Le droit de vaine pâture, écrit Guy Coquille dans ses *institutes* est fondé sur l'utilité publique... nos coutumes qui ont force de loi peuvent régler l'usage que chacun doit avoir en son héritage, en sorte que nul ne puisse dire estre son propre, sinon ce qui reste, après le public fourni, pour mener pasturer bestes en terre d'autruy, pour le temps que l'héritage n'est de garde et défense » (2).

Et Loysel, qui avait de ses semblables une si fâcheuse opinion et qu'une odieuse maxime a rendu presque célèbre (3), n'a-t-il pas écrit : « par droit général de la

----

(1) Legrand. Sous les articles 169 et 170 de la coutume de Troyes.

(2) Guy Coquille, 1523-1633. *Institutes* au droit des Français. Titre des servitudes réelles.

(3) Oignez le vilain, il vous poindra : poignez le vilain il vous oindra.

France, les héritages ne sont en défense et en garde que quand les fruits sont dessus : et dès qu'ils sont enlevés, la terre, par une espèce de droit des gens, devient commune à tous les hommes riches ou pauvres également ; et ce droit qu'on nomme vaine pâture est incessible, inaliénable et imprescriptible » (1).

L'illustre Merlin nous prouve que le principe du droit de propriété était mieux compris à la fin du XVIII<sup>e</sup> siècle, quand il écrit : « Si l'on s'arrête aux principes de la loi naturelle le droit de vaine pâture est souverainement injuste : il blesse la distinction des propriétés, il gêne et détruit même la liberté qu'a tout propriétaire de disposer de son héritage à son gré. Mais l'intérêt réciproque des cultivateurs les a engagés à se faire un sacrifice mutuel de cette liberté : ils ont en quelque sorte associé leurs propriétés respectives et ils se sont accordé le droit de faire pacager leurs bestiaux sur les terres les uns des autres, quand elles seront vides et dépouillées.

§ II.

CARACTÈRE LÉGAL DE LA VAINE PATURE.

La vaine pâture résultant d'une convention ancienne intervenue entre les habitants d'une même paroisse pour faire consommer plus commodément certains produits de leurs terres, il s'en suit que ces conventions n'ont pas été les mêmes partout, elles diffèrent d'un baillage à un autre baillage et le caractère légal

---

(1) Loysel. 1536-1617. *Institutes* coutumières, art. xv, liv. II. C'est après avoir rappelé ce dernier texte, qu'un orateur au Sénat (séance du 8 mai 1890) a pu dire que la vaine pâture avait pour fondement une sorte d'expropriation pour cause d'utilité publique.

de la vaine pâture dépend de l'étendue et de l'effet de ces sortes d'associations.

Les coutumes sous ce rapport pouvaient se diviser en quatre classes.

Dans un premier groupe, la vaine pâture était comme dans tous les pays de droit écrit simplement précaire pour l'usager et permissive de la part du propriétaire qui la souffre ; une faculté, dont l'exercice est entièremeut subordonné à sa volonté : il peut toujours labourer et mettre en défense, d'une manière quelconque, au moyen d'un brandon, de piquets ou de tas de pierres, appelés *montjoies*, dans le midi, l'héritage sur lequel il a bien voulu laisser paître les bestiaux d'autrui : peu importe la durée de la possession alléguée par l'opposant, fut-elle immémoriale : dans ce premier groupe on peut placer les coutumes de Bretagne et de Normandie.

Dans une seconde classe, on doit ranger les coutumes où sans faire de la vaine pâture une servitude, l'usage ne permet au propriétaire de s'y soustraire qu'en mettant ses terres en état de clôture : les coutumes d'Orléans, la Marche, du Bourbonnais seraient de ce nombre.

Dans une troisième catégorie, des coutumes peu nombreuses d'ailleurs, faisaient de la vaine pâture une sorte de servitude imparfaite (1) ; elles ne permettaient pas en effet aux propriétaires de soustraire leurs héritages à l'exercice de ce droit, même en les entourant

---

(1) La servitude réelle est une charge imposée sur un fonds (servant) pour l'usage et l'utilité d'un fonds (dominant) appartenant à un autre propriétaire, néanmoins le Code civil même désigne la vaine pâture par le nom de servitude. M. Laurent, t. 7, nº 443, soutient que la vaine pâture constitue une servitude dans le sens légal du mot.

d'une clôture : les coutumes de Montargis et du Poitou sont dans ce cas.

Enfin un certain nombre de coutumes étaient muettes sur la vaine pâture : dans les pays régis par ces coutumes, le vain pâturage était considéré par les arrêts des parlements, tantôt comme une servitude, tantôt comme un droit facultatif, suivant les espèces : le propriétaire, ici peut l'empêcher purement et simplement en disposant brandons ou montjoies, là il ne le peut qu'en faisant clore son héritage.

Le Parlement de Paris a constamment jugé, que le propriétaire pouvait soustraire son domaine à l'exercice de la vaine pâture, par la clôture, quelle que soit la durée de la possession alléguée : les juges ne doivent même pas admettre la preuve de la possession articulée sur cette matière. (1).

Taisand dans son commentaire de la coutume de Bourgogne cite des arrêts rendus dans le même sens par le Parlement de Dijon : le Parlement de Besançon suivait les mêmes principes en accordant sur certains points plus de faveur au vain pâturage.

En thèse générale, on doit placer les coutumes de Champagne dans la deuxième des catégories que nous avons énumérées, mais dans certaines localités les *prés en prairies* étaient soumis à un régime tout particulier ; en effet, même dans le Nivernais où la vaine pâture était de pure faculté, les prés en prairies, dans lesquels le propriétaire n'est pas en possession de recueillir le regain, ne peuvent être mis en *revivres*, « sinon que le seigneur fasse une maison au dit pré et qu'il y tienne feu et lieu continuellement. »

En Bourgogne, écrit Dunod, à raison de la rareté

---

(1) Merlin. Répertoire, V. Vaine pature, p. 434.

du pâturage on ne suit pas exactement la règle du plus grand nombre « que l'on enferme pas les prés en prairies : » les coutumes de Montargis, d'Epinal, de Lorraine renferment des dispositions analogues.

Semblable différence entre le régime des prés en prairies et celui des autres héritages s'observait dans la plupart des pays régis par la coutume de Troyes, car Legrand s'exprime ainsi sous l'article 170 de la coutume, glose III : « Aussi, voyons-nous sur la grande prairie de Seine que les prés ne sont point clos ni fermés ; même si aucun voulait les fermer pour y faire regain, on l'en pourrait empêcher, n'était en bâtissant une maison au pré et y demeurant, d'autant que la vaine pâture en prairie est comme de droit public. » Le commentateur remarque toutefois, que dans certaines localités du ressort de Troyes, « quiconque veut faire regain en son pré, quoique non clos ni fermé, nul ne peut y mener paître son bétail comme en vaine pâture, pourvu qu'il le fauche auparavant la Saint-Jean-Baptiste » ; mais d'une manière générale Legrand constate que la coutume de Troyes ne réserve pas la seconde récolte des prairies, le regain, au propriétaire.

Suivant les coutumes de Chaumont et de Sens, pas de doutes, le propriétaire peut soustraire, même ses prés en prairies au vain pâturage par la clôture ; la vaine pâture, dans ces conditions n'est pas une servitude, même imparfaite, c'est comme l'écrit Proudhon (1) un droit coutumier, un droit municipal réciproque que les rédacteurs des coutumes ont consigné dans leurs procès-verbaux, non pas avec la pensée de créer un asservissement foncier sur les héritages, mais pour forcer en quelque sorte les habitants à rester en com-

______

(1) Proudhon, Droits d'usage, t. I, titre 4, ch. XII.

munion de jouissance dans un genre de produits qui est toujours de peu de valeur et dont la perception serait trop difficile, si elle devait être faite divisément par chaque propriétaire sur son fonds. Aussi la vaine pâture, quelque longue que puisse être la possession invoquée par celui qui en a joui, ne peut faire acquérir aucun droit, elle ne peut notamment empêcher le propriétaire de clore ou de labourer (1) ; elle ne peut conduire à la prescription parce que celui qui en profite n'agit pas *pro suo* et *animo domini*, c'est pour lui une faculté seulement, il en use par la permission tacite du propriétaire, *fas est jus non est;* si ce dernier clot et ferme son héritage, la faculté cesse, puisque l'association sur laquelle repose le droit de vaine pâture peut toujours être dissoute.

Le décret du 6 octobre 1791 et la loi du 24 juin 1890 ne reconnaissent l'existence du droit de vaine pâture que lorsqu'il est fondé sur un titre particulier ou autorisé par la coutume ou par un usage local immémorial ; nous avons vu ce qu'il fallait entendre par possession immémoriale : pour répondre aux prescriptions des lois précitées elle doit être établie antérieurement à 1804 puisque l'article 691 du Code civil ne fait bénéficier du principe de la non rétroactivité que les servitudes discontinues *acquises;* la possession postérieure ne servant qu'à conserver et non à acquérir le droit de vaine pâture ; aussi il a été jugé qu'il faut justifier de l'existence de la possession immémoriale au moment de la promulgation du Code civil (2) et qu'une possession dont l'origine est connue et qui n'avait que 54 ans

---

(1) Guy Coquille, Des servitudes réelles, p. 210.
Henrion de Pancey, Dissertations féodales, au mot communaux.
Merlin, R. V. Vaine pâture.
(2) Bordeaux, 8 février 1832. Dall. V. Servitudes, n° 1059.

au moment de la promulgation du Code ne peut être considérée comme immémoriale (1).

Au surplus, la possession immémoriale, à défaut de témoins peut se prouver par les actes judiciaires qui en font mention, alors même que ces jugements ou arrêts seraient étrangers à ceux contre lesquels l'usage est invoqué (2) ; dans ce cas, remarquent les arrêtistes, le droit ne découle pas de la décision judiciaire dont l'autorité purement relative peut être invoquée contre ceux-là seulement qui ont été parties au procès ; le titre constitutif de la servitude consiste dans un usage local investi d'une autorité légale absolue et dont les juges étaient en droit de constater l'existence par tous les moyens possibles, moyens au nombre desquels pouvait dès lors figurer un ensemble de jugements et arrêts qui avaient constamment sanctionné ce droit comme prenant sa source dans un usage immémorial.

La coutume, alors même qu'elle ne serait point expressément nommée dans la loi du 24 juin 1890 serait incontestablement un de ces actes suffisants pour légitimer l'existence de la vaine pâture ; quels procès-verbaux d'enquête plus probants que ceux dressés en vertu des ordonnances de Charles VIII, trois siècles avant la promulgation du Code civil.

Quant au titre, il ne peut être question que de conventions contenant simplement la reconnaissance du droit coutumier de vaine pâture, sans en modifier ni le caractère, ni les effets, titre qui par conséquent n'empêcherait point le propriétaire de soustraire sa terre à l'exercice du vain pâturage.

Car la vaine pâture peut revêtir un caractère diffé-

---

(1) Requête, 13 nov. 1822. Dall. V. Servitudes, n° 1051.
(2) Req., 7 mars 1854, D. 54, 1, 195.

rent : la convention peut l'établir sur un héritage dé-
terminé, soit au profit d'un ou de plusieurs particuliers,
soit au profit de la généralité des habitants d'une
commune, avec diverses modalités qui affectent la sub-
stance du fonds, qui empêchent le propriétaire de clore,
de cultiver son héritage, de faire quoi que ce soit qui
empêche l'usage de la vaine pâture ; elle est dans ce
cas une véritable servitude dont l'existence ne peut
être prouvée que par un titre seulement : c'est la vaine
pâture ainsi transformée par un titre, que l'article 12
de la loi du 24 juin 1890 déclare toujours rachetable
soit moyennant une indemnité, soit par voie de cantonnement.

## § III.

### OBJET DE LA VAINE PATURE.

### PATURAGE DES SECONDES HERBES.

La vaine pâture, ainsi que nous l'avons déjà vu
s'exerce sur les grands chemins, sur les terres *charmes* ou *ermes* (ermite) ; la coutume de Chaumont désigne par cette appellation les terres abandonnées et en
friches : le vain pâturage s'exerce sur les champs après
la moisson et généralement sur les héritages où il n'y
a ni semences, ni fruit : *dicitur vana pascua, quia
nullum damnum affert prœdii servientis*, a écrit le
plus ancien de nos commentateurs : (1)

Pas de difficultés au sujet de ces diverses terres
soumises au vain pâturage bien que les progrès de la
culture et d'une administration rurale mieux entendue
en aient singulièrement diminué l'étendue dans chaque

______

(1) Chasseneuz. 1480-1541. Sur la coutume de Bourgogne.

commune. (1) Mais que doit-on entendre suivant nos anciennes coutumes par *prés dépouillés*? A quel moment les prés doivent-ils être considérés comme dépouillés? Est-ce immédiatement après la première récolte? Est-ce seulement après la seconde faux.

Juste Delaistre tranche cette question qui a passionné les commentateurs des coutumes de Champagne : les prés sont, écrit-il, dépouillés « lorsque la première herbe a été fauchée et enlevée » : Jean Gousset (2) dont le commentaire est bien antérieur à celui de Juste Delaistre ne partage pas la manière de voir de ce dernier : par prés dépouillés, écrit-il, il faut entendre non seulement les prés après la première faulx, mais aussi après la seconde pour sauver le regain. Gousset toutefois n'invoque à l'appui de son opinion, que l'avis de Dumoulin, qui dans son commentaire de la coutume de Vitry s'exprime ainsi pour expliquer ces mots : « prés après la faulx » : *non solum primam, sed etiam secvndam falcem, et ita meo consilio judicatum fuit an. 1577 pour* Geoffroy le Tannoy contre les habitants de Netancourt » ; mais voici que dans la coutume de

---

(1). C'est ainsi que les chemins sont soustraits à la vaine pâture : Beaucoup de communes louent les herbes des chemins publics : La cour de Paris, 9 août 1860. Dall. 61, 5, 521, décide qu'elles n'ont pas ce droit. La Cour de cassation ne juge pas le contraire par un arrêt du 1er décembre 1854. D. 54. 5. 784. Car dans l'espèce, elle reconnaît la légalité d'un arrêté municipal interdisant la vaine pâture sur les chemins, en vue seulement d'en assurer la conservation et la sécurité.

(2) Jean Gousset, Sieur de Buxières, avocat au baillage, auteur *Des lois municipales et coutumes générales du baillage de Chaumont-en-Bassigny et ancien ressort d'iceluy,* Epinal, 1625.

Le premier commentaire de la coutume a été fait par Jacques Gouthière, contemporain de |Brodeau, mais ses notes sont demeurées manuscrites.

M<sup>e</sup> Jean Jacobé, très fameux avocat à Vitry, qui vivait au même temps que Dumoulin, on lit en apostille : *Fallitur Molinœus, quia contra ejus consilium judicatum fuit, mensi septemb. 1577*, contre le dit Tannoy, et la faux interprétée après la première dépouille. Lequel croire des deux avocats ? — Le commentateur de la coutume de Vitry, Estienne Durand n'hésite pas, (1) il indique d'abord que la question qui divisait M<sup>e</sup> Dumoulin et M<sup>e</sup> Jacobé était de savoir s'il s'agissait dans l'espèce d'un pré, devenu pré en regain, *prata restibilia*, caractère privilégié que suivant un jugement du baillage de Vitry, du 4 avril 1616, un pré dans certaines localités, pouvait revêtir définitivement, en demeurant clos pendant trois ans : puis il part en guerre contre les prés *gagnaux* (2), on va voir avec quelle virulence : « tout cela est bon, mais mal entendu. Le droit de regain est une servitude, non pas tolérée, mais contraire à la coutume qui déclare tous prés, publics, après la première herbe, en disant, après la faux ; ce qui ne peut raisonnablement être entendu de la seconde faux, puisqu'elle n'est pas exprimée. Or, la servitude ne peut s'acquérir sans titre qu'aux cas spécifiés par la coutume et le regain n'y est pas exprimé. Donc le regain, ne peut être acquis en fermant un pré pendant trois ans, selon l'erreur vulgaire, la possession d'une servitude sans titre n'étant qu'une chimère et une usurpation. Aussi voit-on que les regains ne sont acquis ou ne sont possédés que par les plus puissants des lieux et ce qui surprend le plus est de voir les arrêts et sentences qui les auto-

---

(1) Estienne Durand, avocat au parlement. Commentaire de la coutume de Vitry-en-Perthois, imprimée à Châlons, 1722.

(2) Prés *gagnaux* ou prés de *revivres*, prés produisant des regains.

risent et tendent à priver le public de la seconde herbe de tous les prés. »

Au sujet du même arrêt de 1616, un jurisconsulte dont le *Traité du gouvernement des biens des communautés d'habitants* est souvent cité, Fréminville (1), développe une thèse plus extraordinaire encore que celle d'Estienne Durand : elle ferait supposer que pour les jurisconsultes du xviii<sup>e</sup> siècle, la prairie n'est susceptible que d'un droit de propriété imparfait. Il estime que l'arrêt est une décision d'espèce rendue sur des circonstances qui ne sont pas rapportées : le propriétaire d'un pré soumis à la vaine pâture ne peut prescrire par trois ans un droit imprescriptible, il faudrait au moins quarante ans, autrement ces communes diminueraient tous les jours et « les prés seraient libres de cette servitude, — qui emporte même la propriété, et en effet, qui peut se dire propriétaire de pareilles prairies ; naturellement l'on doit penser que celui qui jouit le plus longtemps d'une chose est le propriétaire; » l'auteur établit alors, le compte des jouissances, suivant les différentes coutumes ; le seigneur et les particuliers qui ont droit à la première herbe ne jouissent que du 1<sup>er</sup> mars au 1<sup>er</sup> juillet, donc les communautés dont la jouissance dure huit mois, sont à n'en pas douter, les véritables propriétaires !

Merlin lui-même, dont nous avons rapporté précédemment la doctrine au sujet de la vaine pâture sur les autres héritages, ne fait-il pas entendre ces graves paroles, quand il s'agit des prairies : « dans une partie de la France, les détenteurs des fonds n'ont

---

(1) Edme de la Poix de Fréminville, bailli des ville et marquisat de la Palisse. — Traité général du gouvernement des biens et affaires des communautés d'habitants. Paris 1760.

qu'une propriété restreinte et subordonnée aux droits de la communauté des habitants du territoire, soit qu'elle ait été la condition expresse du partage primitif des patrimoines, soit que l'usage immémorial suffise pour suppléer cette convention qu'il fait présumer. En effet, les propriétés particuliéres n'ayant pour base que l'occupation et la prescription, qui n'est elle-même qu'une occupation continue, les détenteurs n'ont pu prescrire que ce qu'ils ont occupé : ils n'ont pu prescrire au préjudice des communautés la propriété exclusive des fonds que les communautés ont continuellement occupés pendant une partie des mois de l'année. »

Ces mots *prés dépouillés* de l'article 170 de la coutume de Troyes ont la même signification que dans la coutume de Chaumont : Legrand, tout en rappelant que dans certaines localités du ressort de Troyes, on peut se réserver le regain de son pré, non clos non fermé, en le fauchant avant la Saint-Jean, nous apprend que la coutume ne réservant pas la seconde récolte d'herbes au propriétaire, on doit suivre l'usage du pays : or l'usage était nous l'avons vu déjà, que tout au moins dans la grande prairie de la rivière de Seine, le propriétaire ne pouvait soustraire son pré à l'exercice de la vaine pâture qu'en bâtissant une maison dans la prairie et en l'habitant ; une clôture, sans la maison, ne pouvait affranchir l'héritage.

Le commentateur de la coutume de Chaumont, après avoir rapporté l'opinion de Dumoulin, très contestée, nous le savons, ajoute : son avis n'a pas été suivi en ce baillage, où les prés ne sont censés prés de regain, s'ils ne sont clos et fermés de haies ou de murailles suivant l'ancien proverbe, *qui clost empesche* et *en vain plante qui ne clost.* Salligny (1) à la vérité, sur le même article de la coutume de Vitry, prétend que lorsqu'un pré a été clos pendant trois ans, il est censé pré de regain pour toujours, mais ici, l'usage est contraire, sitôt qu'un pré cesse d'être clos, il devient comme les autres, sujet au droit de vaine pâture conformément à ces paroles de notre article, « héritages non clos et non fermés » (2).

Les gloses des commentateurs des coutumes de Troyes, Vitry et Chaumont ne laissent aucun doute sur l'interprétation qu'il faut donner aux mots *prés dépouillés* ; les prairies sont vains pâturages après la première coupe ; mais le texte même de la coutume de Sens et Langres est des plus explicites (3) : « prés fauchés dont l'herbe ou foin ont été enlevés sont réputés vaines pâtures sinon qu'ils soient clos et fermés de haies ou fossés, ou que d'ancienneté on ait accoutumé y faire regain. » Les coutumes d'Auxerre, de Melun ont des articles conçus dans des termes absolument identiques.

---

(1) Coutumes de Vitry-le-François de Mᵉ Charles de Salligny, avocat au parlement, à Châlons, chez Leneuze, 1676.

(2) Un fonds ne peut être soustrait à la vaine pâture par l'effet unique de traces encore subsistantes de sa très ancienne clôture : l'immunité n'est en effet accordée qu'aux héritages exactement fermés.

Henrion de Pansey, Biens communaux, page 401.

Plusieurs propriétaires peuvent s'entendre pour établir une clôture collective.

R. 1ᵉʳ mars 1865. D. 65, 1, 421.

(3) Coutumes du baillage de Sens et anciens ressorts d'iceluy rédigées, et arrêtées au mois de novembre 1555 ; à Sens, de l'imprimerie de Gilles Richeboys 1556. La même coutume a été publiée et commentée par Juste Delaistre 1733, et par Pélée de Chenouteau, 1787.

Ainsi pas le moindre doute, sur les rives de la Marne et de la Seine les prairies en Champagne étaient soumises à la vaine pâture immédiatement après la première récolte ; les coutumes étaient formelles.

Et pourtant l'exercice du droit consacré par les communs usages rencontrait bien des contradictions, car Juste Delaistre termine sa glose par cette objurgation qui rappelle les colères d'Estienne Durand : « Au surplus je sais que les seigneurs et autres personnes puissantes à qui les prés appartiennent veulent empêcher les habitants de faire paître leurs bestiaux dans ces prés, ce qui porte un préjudice considérable au public, pour que les paysans ne peuvent nourrir de bestiaux, les prés appartenant pour la plus grande partie aux seigneurs et autres personnes riches. Mais je les avertis ici, qu'ils ne sont pas en droit d'empêcher le moindre de tous les habitants d'y conduire ses bestiaux jusqu'à la mi-mars. C'est un droit public, autorisé par la loi municipale et auquel personne ne peut donner la moindre atteinte. »

La restriction de l'article 149 de la coutume de Sens nous indique quelle était la source des difficultés et des contestations : si cette phrase « prés fauchés sont réputés vaine pâture... sinon que d'ancienneté on ait accoutumé y faire regain, » nous apprend que par prés fauchés, il faut entendre les prés après la première faux, elle nous apprend aussi que cette règle cessait d'être appliquée dans les prairies où « d'ancienneté on a accoutumé y faire regain ».

L'assujettissement de la prairie étant le principe, c'était à celui qui alléguait l'affranchissement de son fonds à en faire la preuve : faut-il que la possession libératoire soit immémoriale ? La coutume de Sens emploie cette même expression d'ancienneté dans plu-

sieurs articles, mais sans définir la portée du terme ;
en sorte qu'on pourrait être autorisé à penser avec le
commentateur de cette coutume que la disposi-
tion de l'article 186 de la coutume de Paris est appli-
cable « pour le moins, puisqu'elle admet que la liberté
se peut acquérir contre le titre de servitude par trente
ans ». (1)

Pourtant Merlin estime que c'est par une possession
immémoriale contraire, que le propriétaire peut s'affranchir de la vaine pâture, dans les pays régis par les
coutumes de Sens et Langres, Auxerre et Melun.

Les prés pouvaient être mis en défend pour une durée
déterminée, en vertu d'une délibération du conseil de la
commune (2) : l'article 104 de la coutume de Chaumont
mentionne ces *bannies* ou lieux réservés, sur lesquels
les habitants convenaient de laisser croître l'herbe,
afin que leurs bestiaux aient de quoi paître à l'entrée

---

(1) Il a été jugé que le droit aux secondes herbes constituant une
simple servitude de pacage il ne peut s'éteindre que par la prescription de trente ans.

Cass. 14 nov. 1853. Dal. 53, 1, 329.

(2) La Cour de cassation reconnaît aux conseils municipaux le
droit de réglementer l'exercice de la vaine pâture, mais à la condition que par leurs délibérations ils n'apporteront à l'exercice de cet
usage aucune restriction susceptible d'en altérer ou d'en changer la
nature et *a fortiori* de la supprimer. Ainsi, le conseil municipal
peut déterminer à quelle époque de l'année s'exercera le vain pâturage sur telle contrée, mais il ne peut en affranchir totalement des
terres qui y sont légalement soumises, ni mettre en réserve pour
plusieurs années les secondes herbes d'une prairie assujetties à la
vaine pâture par les anciens usages.

Cass. 20 janv. 1876. D. 76, 1, 459.

Cass. 30 déc. 1853. D. 53, 5, 465.

Cass. 19 déc. 1863. D. 64, 1, 243.

Cass. 23 janvier 1862. D. 64, 1, 243, concernant la commune de
Villiers-aux-Bois, arrondissement de Vassy.

de l'hiver : quand un tel ban était publié, non seulement les habitants des paroisses voisines n'y pouvaient faire paître leur bétail, mais aussi les laboureurs de la commune qui avait pris la délibération. Ces cantons ainsi enlevés au vain pâturage ne sont point destinés à faire du regain, mais à procurer une nourriture plus grasse et plus abondante aux animaux.

§ IV.

MODE D'EXERCICE DE LA VAINE PATURE.

L'exercice du droit de vaine pâture appartient aux habitants de chaque paroisse et dans les limites du territoire de la commune ; celui-là est dit habitant du lieu *ubi uxorem, liberos, tabulas et instrumentum rei domesticæ habet*, suivant l'heureuse citation de Legrand.

Mais il peut se faire que dans une commune il existe des hameaux ou sections dont les habitants jouissent exclusivement d'une certaine portion du territoire.

Est-il permis à un propriétaire, d'envoyer ses bestiaux en vaine pâture, sur le territoire d'une commune dans laquelle il n'est pas domicilié mais où il exploite des terres ? Non, répondait Merlin à cette question : Eusèbe de Laurière dans son commentaire sur les *institutes* de Loysel est du même avis : le parlement de Paris refuse aux forains l'exercice de la vaine pâture même sur leur propre héritage : cette règle devait être suivie dans les pays soumis à nos coutumes qui sont muettes sur la question : dans certaines contrées, en Normandie notamment, l'usage contraire avait prévalu et c'est le système que le Code rural de 1791 a adopté.

Les anciens auteurs n'admettaient pas qu'un habitant put réclamer le droit de vaine pâture en justice, ni en son nom individuel ni au nom de la commune. Le

vain pâturage n'est pas un droit dont chaque habitant
soit le maître de disposer à son gré, — c'est un droit
social appartenant à l'être moral, c'est un droit com-
munal que le représentant autorisé de la commune peut
seul réclamer devant le juge compétent. (1) Certaines
coutumes donnaient des règles pour limiter le nombre
de têtes de bétail que chaque laboureur peut envoyer
dans les vaines pâtures : suivant la coutume du Poitou
les habitants qui ne cultivaient pas de terres comme
propriétaires ou fermiers ne pouvaient pas envoyer de
bétail à la vaine pâture : en Auvergne chaque habitant
ne peut envoyer au vain pâturage un nombre de bestiaux supérieur à celui qu'il a pu nourrir pendant l'hiver, dans ses écuries, du foin et des pailles récoltées
sur les terres cultivées par lui. — Coquille en rappor-
tant ces coutumes, dit combien cette dernière est judi-
cieuse : en effet quelqu'un ayant peu de labourage ne
pourrait-il pas mettre tous ses moyens en achat de bétail qu'il ferait vivre sur le commun « ...et en seraient
les autres laboureurs enserrés ».

Le vain pâturage ne pouvait s'exercer que par troupeau commun, il n'était pas permis aux particuliers du
village d'avoir un troupeau de bêtes à cornes séparé
de celui des autres habitants, (2) et même de réunir

---

(1) Cass. 27 frimaire an 12. — Néanmoins, l'art. 123 de la loi du
5 avril 1884 permettant à tout contribuable d'exercer après l'auto-
risation du Conseil de préfecture, les actions que la commune se
refuse à exercer, un habitant aurait pu avant la loi de 1889, agir en
justice dans ces conditions pour faire reconnaître un droit de vaine
pâture. La loi de 1889 donne à l'habitant la faculté de s'adresser
individuellement aux autorités administratives pour réclamer le
maintien de la vaine pâture.

(2) Juste Delaistre, sur l'art. 103 de la coutume de Chaumont. La
Cour de cassation a respecté cet usage. Cass. 28 nov. 1879, D. 1880, 1, 83.

leurs bestiaux en un troupeau collectif, distinct du troupeau commun.

En nul temps on ne peut mener porcs en pré : la raison est que fouillant et renversant la terre avec leur groin, ils déracinent les herbes et rendent les prés iné-gaux et difficiles à faucher. Cette règle est générale, dit le commentateur de Loisel, et les coutumes de Troyes, Sens, Chaumont, frappent du même ostracisme, l'animal au groin, et les oies pareillement.

### Chapitre III.

#### PARCOURS.

Si on a pu confondre parfois la vaine pâture et la pâture grasse et vive, si différentes par leurs modes d'acquisition et leurs effets, la confusion n'est point possible avec le droit de parcours, très nettement dé-fini par l'article 103 de la coutume de Chaumont : « les habitants des villages dont les territoires sont contigus peuvent mener champoyer et vainpasturer leurs bestes grosses et menues jusqu'à l'endroit des clochers de leurs églises. »

Ainsi la coutume immémoriale au pays de Chau-mont était que les paroisses dont les territoires sont contigus peuvent faire conduire et paître leurs troupeaux dans les vaines pâtures les uns des autres : mais encore faut-il que les territoires soient contigus de tout un côté, il ne suffit pas qu'ils se touchent par un seul point.

Le droit de parcours suppose que les deux commu-nes ont toutes deux des terrains assujettis à la vaine pâture : sur ces terrains, les habitants des villages peuvent conduire leurs « bestes grosses et menues » : on serait tenté de croire que par « bestes menues » il faut entendre les moutons et les chèvres et pourtant

Delaistre émet cette opinion, qu'il appuie sur diverses autorités, que jamais on ne doit faire paître en quelque temps que ce soit chèvres dans les prés, pas plus que brebis dans les bois ; si la morsure des unes est mortelle à beaucoup de plantes, la laine et haleine des autres est préjudiciable aux arbres, — assure-t-il — Le parcours, désigné aussi dans certaines provinces sous le nom de *marches, marchages, entrecours* est l'invasion réciproqne du troupeau d'une commune, sur les vaines pâtures de la paroisse voisine : ce droit à l'invasion, la commune avait qualité pour s'en prévaloir et le revendiquer au nom de la communauté, quand bien même aucun de ses habitants n'aurait eu de propriétés sur le territoire voisin. Le droit de parcours était, dans le baillage de Chaumont, comme dans toute la Champagne limité : il ne pouvait s'exercer que jusqu'à l'endroit des clochers des églises, c'est-à-dire, jusqu'à la ligne imaginaire déterminée par la perpendiculaire élevée de la base de chaque clocher, sur l'horizontale qui les aurait joints : ce que la coutume de Châlons appelle les esquiers des clochers.

Cette règle n'avait pas d'application pour les troupeaux de moutons : « les bêtes blanches, les moutons se peuvent mener si loin que l'on voudra, en dépassant les esquiers des clochers, pourvu qu'ils retournent de jour en leur finage. »

L'exercice du parcours a la même durée que la vaine pâture ce qui est logique, puisqu'il se pratiquait sur tous les vains pâturages : il s'exerçait donc, suivant nos coutumes, dans les prairies après la première coupe.

Le droit de parcours conservé *provisoirement* par le décret de 1791 et aboli par la loi du 10 juillet 1889, avait cessé d'exister dans la Champagne dès l'édit de 1769 ; il ne constituait pas une servitude, mais une simple faculté coutumière.

## II

La vaine pâture dans les prairies à la fin du XVIII<sup>e</sup> siècle.

Nous croyons avoir suffisamment établi, que dans les pays régis par les coutumes de Troyes, Chaumont, Langres, Vitry, Châlons, c'est-à-dire dans presque toute la province de Champagne, la vaine pâture s'exerçait dans les prairies immédiatement après la première récolte des herbes ; cet usage, il est vrai, souffrait quelques contradictions, la règle comportait des exceptions, mais d'après nos commentateurs et particulièrement Legrand, le plus autorisé parmi eux, « en notre coutume et autres qui ne disposent pas du regain, nous devons suivre l'usage du pays. »

Un grand nombre de coutumes au contraire, « disposaient » du regain et faisaient une distinction entre les prés *gagnaux* ou prés de *revivres* et ceux qui ne produisent pas de regain : Guy Coquille rapporte que pour les premiers, le vain pâturage ne commence qu'après la seconde récolte (1).

Loysel nous donne la loi coutumière, « prés sont défensables depuis la mi-mars, jusqu'à la Toussaint » mais son commentateur, Eusèbe de Laurière écrit, un siècle et demi plus tard : « cette règle est vraie, quand les prés ne portent point de revivres ou de regain : car s'ils produisent du regain, ils sont de défense jusqu'à la Saint-Martin. »

Suivant la coutume de Poitou, les prés gagnaux sont défensables depuis la Chandeleur (2 février) jusqu'à la

---

(1) *Institutes* au Droit français. Titre des servitudes réelles, page 217.

Saint-Michel (29 septembre) ; et les non gagnaux depuis le 1er mars, jusqu'à ce que l'herbe soit hors du pré. La coutume du Berry fait commencer les défenses dès les premiers jours de mars et les fait finir, pour les prés où il y a du regain, au 15 octobre.

Dans le Bourbonnais la vaine pâture commence après la première faux et si le pré est de *revivres* à la Saint-Martin seulement. Enfin, suivant la coutume de Blois « les prés sont défensables depuis le 8 mars, jusqu'à ce que l'herbe soit fauchée et emmenée, sauf ceux qui se fauchent à deux herbes, lesquels sont défensables jusqu'à ce que l'herbe soit levée, au moins jusqu'à la Toussaint. »

Les provinces dans lesquelles la coutume n'abandonnait pas les secondes herbes au vain pâturage étaient, croyons-nous, les plus riches en prairies naturelles fertiles ; dans les contrées moins favorisées, avec les progrès de la culture et de la civilisation, le principe de la propriété se dégageant des langes du passé, la lutte devint de plus en plus vive, entre les communautés d'habitants et les propriétaires de prés; ces derniers pour soustraire aux abus de la vaine pâture, leurs héritages, qui, grâce à leur travail et à leur industrie *rendaient* plus que ceux des voisins, les entourèrent de clôtures. Les communautés s'y opposèrent, prétendant que par leur possession immémoriale du pâturage, elles avaient enlevé aux détenteurs de prés la faculté de se clore. De là de très nombreux procès ; [les Parlements, particulièrement ceux de Paris et de Dijon, jugèrent constamment que la possession, même immémoriale, ne peut faire perdre au propriétaire le droit de se clore, sauf, toutefois, sous l'empire de quelques coutumes, celle de Troyes notamment.

Mais ces arrêts, rapportés par Merlin et par Taisand, n'empêchèrent pas d'autres communautés de persister dans le système qu'ils avaient proscrit, il y eut un moment où tous les tribunanx se virent inondés de contestations sur cette matière (1).

Afin de couper le mal dans sa racine, le pouvoir royal rendit une série d'édits, pour les différentes provinces de l'Est : l'édit de 1769 est spécial à la Champagne : il permet à tout propriétaire de clore son héritage malgré les droits de parcours et de vaine pâture : il peut soustraire ses prés au pâturage dans les paroisses où les prairies deviennent communes à tous les habitants, soit immédiatement après la récolte de la première herbe, soit dans tout autre temps limité, il n'a pour cela qu'à les entourer d'une clôture ou à en modifier la production par la culture. L'édit ne maintient le droit des habitants à s'opposer à la clôture des prairies, que lorsque la communauté prétend exercer ce droit en vertu d'une copropriété justifiée par un titre. Encore ces communes avaient un délai d'un an pour établir, par titres, ce droit de copropriété ; passé ce délai, l'édit les déclare déchues pour toujours de leurs prétentions sur les deuxième et troisième herbes, nonobstant tous usages contraires.

La même loi, par son article 9, supprime radicalement le parcours réciproque de bestiaux et de troupeaux entre les communautés voisines. « Voulons que ce droit de parcours soit et demeure aboli. »

______

(1) On comprend combien il eut été intéressant de faire des recherches dans les archives des anciennes juridictions, qui, pour la Haute-Marne, sont toutes réunies au chef-lieu ; mais, ces pièces, pour la plus grande partie, sont entassées sans ordre, sans indications, dans un grenier obscur du palais de justice, recouvertes d'un lit de la poussière d'un siècle, et dans des conditions à faire reculer le chercheur le plus téméraire.

En supprimant le droit de parcours et en restreignant le droit de vaine pâture, l'édit de 1769 avait surtout, pour ne pas dire exclusivement en vue la conservation du regain ; il suffit pour s'en couvaincre de lire l'exposé des motifs de cette ordonnance royale : le législateur considère, qu'il y a quantité de propriétaires de prairies qui ne peuvent profiter que de la première herbe et qui sont obligés d'abandonner la seconde aux communautés des lieux ; que cette servitude ou copropriété peut procéder de l'abus de la vaine pâture aussi bien que d'une possession légitime : en conséquence, pour encourager les propriétaires de prés, il fait cesser tous les obstacles qu'ils peuvent éprouver dans la liberté naturelle de jouir de leurs propriétés.

Tous les obstacles..... c'était beaucoup dire : sans doute, l'édit avait donné une satisfaction très grande aux doléances des populations rurales de la Champagne, il supprimait définitivement le droit de parcours et abolissait les usages qui interdisaient, sur les rives de la Seine notamment, aux propriétaires de se clore : mais les prés produisant du regain demeuraient abandonnés à la vaine pâture quand ils n'étaient ni clos ni fermés.

Aussi, à la fin du siècle, les efforts persévérants de la petite propriété pour parvenir à l'affranchissement du sol se manifestent avec la même énergie : certains jurisconsultes suivant l'impulsion commune, établissent des distinctions que l'état de production des prairies n'aurait pu motiver sans doute cent années auparavant.

Pelée de Chenouteau (1) a publié en 1787 un com-

---

(1) Pelée de Chenouteau, écuyer, conseiller au baillage et siège présidial de Sens.

mentaire de la coutume de Sens et Langres (1), sous
l'article 146 il écrit : « les vaines pâtures sont les grands
chemins, les prés après la dépouille de l'herbe et même
de la seconde herbe, lorsqu'on y peut faire du regain,
les guérets et terres en friches : » et plus loin, sous l'article 148 : « les prés hauts, qui ne portent point de regain, sont réputés vaines pâtures aussitôt qu'ils sont
fauchés et que l'herbe en a été enlevée : parce qu'a-
lors le pâcage ne porte aucun préjudice au propriétaire ;
mais les prés d'abreuvis qui donnent une seconde
herbe ne sont vaine pâture qu'après que le regain a
été enlevé, ce qui se pratique jusqu'àprès la Saint-
Remy. »

Ainsi, d'après le dernier commentateur de nos coutumes, il fallait distinguer : sans doute s'il s'agit d'un
pré qui, par la nature ingrate du sol et sa situation,
ne peut donner qu'une seule récolte véritablement
appréciable, comme certaines prairies de montagne,
celles-là seront vaines pâtures après la première faux
car leurs produits ne sont plus utilisables que par la
jouissance en commun, qui ne prive le propriétaire
d'aucun des profits qu'il avait pu compter tirer de son
héritage.

Mais si au contraire, il s'agit de prairies riches et
fertiles, de prés amendés et irrigués, continuellement
en végétation et pouvant donner une seconde coupe
aussi précieuse que la première, le jurisconsulte décide
que ces prés ne sont livrés à la vaine pâture, qu'après
la seconde faux, c'est-à-dire au premier octobre.

---

(1) Langres a fait partie du baillage de Sens jusqu'en 1561 : à
cette date un siège particulier du bailly de Sens fut créé par ordonnance de Charles IX, mais le pays de Langres continua à être régi
par la coutume de Sens.

Cette doctrine, au surplus, n'est pas isolée ; Merlin
rapporte que des auteurs font une distinction analogue
entre les prés et les prairies. Les prés, disent-ils, gardent leur seconde herbe, revivre ou regain, et personne
n'a droit d'y mettre des bestiaux, que les propriétaires ; ces prés s'appellent prés de *revivre,* prés de *regain,* ou prés à deux herbes ; — les autres, ajoutent-
ils, qui ne gardent *revivres,* sont ordinairement de
grandes prairies appartenant à des particuliers, où
toute la communauté d'une paroisse a droit de mener
son bétail paître et pacager après que la première
herbe est enlevée. (1)

La révolution de 1789 devait compléter l'œuvre des
édits, des arrêts et des légistes venant en aide aux pe-
tits propriétaires (2), car en abolissant le régime féodal elle affranchit la terre de même qu'elle proclame

---

(1) En anticipant quelque peu sur une autre partie de ce travail,
qu'il nous soit permis de faire remarquer, que |la doctrine de Pelée
de Chenouteau, confirmée par Merlin est précisément la théorie ex-
posée, avec une connaissance si exacte de la matière, par M. Labiche, dans un discours, (séance du 22 mai 1890) qui a été immédiatement suivi du vote du Sénat, sans observation du rapporteur. —
Cette doctrine est celle de M. Demolombe : la jurisprudence de la
Cour de cassation l'a consacrée par de nombreux arrêts : Cass. 16,
1841. D. 1842. — Cass. 28 juin 1856, D. 56, 1, 385. — Cass. 16
mars 1867. — Cass. 27 août 1867. — Dall. 67, 5, 129. Cette jurisprudence constante concerne à la vérité, principalement la matière
des délits ruraux, mais elle n'en pose pas moins ce principe que :
les prairies naturelles, susceptibles de donner une seconde récolte
appréciable pour le propriétaire, étant en état de production per-
manente, dans toutes les saisons, doivent être considérées comme
*couvertes de quelques productions* dans le sens de l'article 9 du décret du 28 septembre 1791.

(2) Les grands propriétaires peuvent toujours se soustraire à la
vaine pâture en établissant une clôture ; le petit propriétaire trop
souvent ne peut s'imposer une telle dépense.

la liberté de l'individu. — Aussi, on peut se demander quelle méconnaissance de l'esprit des décrets de la mémorable nuit du 4 août, ou plutôt, quelle vision troublée du droit de propriété a pu rendre nécessaire un décret du 30 juin 1790. L'assemblée nationale, instruite que plusieurs personnes, par une fausse interprétation de ses décrets, sanctionnés par le roi prétendent que tous les prés indistinctement doivent être soumis à la vaine pâture, immédiatement après l'enlèvement de la première herbe, l'assemblée a déclaré qu'elle n'a rien innové aux dispositions coutumières, règlements et usages antérieurs relatifs à la défense des prés ; en conséquence elle a décrété ce qui suit : « tous propriétaires de prés clos ou qui, sans être clos étaient ci-devant possédés à deux ou plusieurs herbes continueront de jouir, conformément aux lois, réglements et usages, observés dans chaque lieu, des droits de couper et récolter les secondes, troisièmes ou quatrièmes herbes, ainsi qu'ils ont fait par le passé. Fait défense à toute personne de troubler les dits propriétaires de prés dans leurs possessions et jouissances, le tout, sans rien innover aux usages des pays où la vaine pâture n'a point lieu. »

Le décret du 28 septembre 1791, ce Code rural que Merlin jugeait impossible à édifier, n'est pour ce qui regarde la vaine pâture, que la reproduction de l'édit de 1769 : il généralise et rend communes à toute la France, les dispositions édictées successivement pour les diverses provinces de l'Est, mais moins audacieux que les édits en question, il n'abolit pas la servitude de paroisse à paroisse, connue sous le nom de parcours, elle continuera provisoirement, dit l'article 2, d'avoir lieu lorsqu'elle sera fondée sur un titre ou sur une possession autorisée par la loi et les coutumes.

Quant au droit de vaine pâture, il ne pourra exister
que dans les lieux où il est fondé sur un titre particulier, ou autorisé par la loi ou par un usage local immémorial.

Le droit de parcours et le droit de vaine pâture ne
pourront en aucun cas, empêcher les propriétaires de
clore leurs héritages, et tout le temps qu'un héritage
sera clos, il ne pourra être assujetti ni au parcours ni
à la vaine pâture.

Ainsi, la loi de 1791 n'abolit pas le droit de parcours
dans les provinces où il subsistait encore, mais il pro-
cure un avantage signalé à l'agriculture en abrogeant
es dispositions de nos coutumes, celle de Troyes particulièrement, qui faisaient do la vaine pâture une servitude telle, que le propriétaire ne pouvait clore ses
prés, ni les mettre en défense.

Deux articles concernent la vaine pâture dans les
prairies : art. 10. — Partout où les prairies naturelles
sont sujettes au parcours ou à la vaine pâture, ils *n'auront lieu provisoirement*, que dans le temps autorisé
par les lois et coutumes et jamais tant que la première
herbe ne sera pas récoltée.

Art. 9. — Dans aucun cas et dans aucun temps, le
droit de parcours, ni celui de vaine pâture, ne pourront
avoir lieu sur aucune terre ensemencée ou *couverte de
quelques productions que ce soit*, qu'après la récolte.

Ces dispositions étant reproduites par la loi du 24
juin 1890, il n'y a pas lieu d'en faire un examen particulier, dans des préliminaires historiques, toutefois
notons ceci, pour comprendre ces deux textes, il faut
nécessairement adopter la distinction faite par Pelée de Chenouteau et Merlin : car si l'article 10 auto-
rise l'exercice de la vaine pâture, après la récolte de
la première herbe, sur les prairies produisant un regain

aussi précieux parfois que la récolte du mois de juin, comment le concilier avec l'article 9 aux termes duquel : « Dans aucun cas et dans aucun temps, le droit de vaine pâture ne pourra avoir lieu sur aucune terre ensemencée ou couverte de *quelques productions* que ce soit, qu'après la récolte ». (1)

Le commentateur de la coutume de Langres dira : du moment que la prairie est un pré d'abreuvis, en état de donner un second produit appréciable pour le propriétaire, produit susceptible d'être vendu ou récolté, — plus de vaine pâture avant la Saint-Remi. — Ainsi tomberaient toutes les objections contre le vain pâturage, qui aurait encore de vastes espaces à faire parcourir aux bestiaux : les mauvais prés, immédiatement àprès la première faux, tous les prés à deux herbes, depuis le 15 septembre ou 1er octobre, enfin les champs couverts de cette végétation si abondante après la moisson, dans les années pluvieuses et les chemins que les communes pourraient restituer aux pauvres : le vain pâturage n'aurait plus alors que des partisans en droit comme en fait.

---

(1) La même difficulté existe pour l'interprétation des paragraphes 2 et 3 de l'article 5 de la loi du 24 juin 1890 : la distinction faite par M. Labiche permet de concilier ces deux paragraphes et il est à remarquer que l'article 5 est l'œuvre de M. Labiche ; il a été voté sans observations par le Sénat.

# DU MÊME AUTEUR

Du régime municipal chez les Romains. — Beau, jeune.
Versailles, 1867.

Formulaire des Actes de l'Etat civil. — Dallet, Langres, 1869.

Notice sur les couteliers à Langres au moyen-âge. — Dallet,
Langres, 1870.

Des Conseils généraux de départements. (Loi du 10 août 1871).
Marescq, aîné, Paris, 1871. 1 vol. in-8, 154 pages.